AF263928

À Messieurs

LES DÉPUTÉS

DE LA FRANCE,

SUR L'ÉTAT DÉPLORABLE OÙ L'IMPRIMERIE ET LA LIBRAIRIE SE TROUVENT RÉDUITES;

ET DES

MOYENS D'AMÉLIORER LEUR SORT,

PAR M. J. C. LEBÈGUE,

DOYEN DES IMPRIMEURS DE PARIS.

4ᵉ ÉDITION.

PARIS.

LEBÈGUE, IMPRIMEUR-LIBRAIRE,

Rue des Noyers, 8.

FÉVRIER 1845.

La première Édition de cette Pétition a été déposée à la Chambre en mars 1843, sous le n° 300 : **M. DEMESMEZ** en a été nommé Rapporteur.

La deuxième Édition l'a été en février 1844, sous le n° 178 : **M. DENIS** en a été nommé Rapporteur.

Aucune de ces deux Pétitions n'ayant été rapportée, j'ai déposé la troisième le 4 janvier 1845 : elle porte le n° 67, et M. le Comte de **SAINTE-AULAIRE** en est nommé Rapporteur.

Quoique cette quatrième Édition, que je publie aujourd'hui, ne soit réellement que le complément de la troisième, je dois en agir ainsi pour me conformer à la loi; et dans l'espoir de pouvoir cette fois réussir, j'ai revu mon travail et y ai ajouté quelques remarques devant servir à son développement.

FAITS NOUVEAUX

DIGNES D'INTÉRÊT.

Je ne saurais mieux recommander cette nouvelle Édition de la Pétition que j'ai déjà deux fois adressée infructueusement à la Chambre, qu'en retraçant ici le tableau des *ruineuses Condamnations* prononcées contre plusieurs de mes Confrères, *dans une seule audience* du Tribunal Correctionnel de la Seine, le 1ᵉʳ septembre 1844, confirmées par arrêt de la *Cour Royale*, du 2 février 1845.

Voici l'énumération des principales :

M. Worms, à SIX MILLE francs, ci	6,000 f.
Mᵐᵉ veuve Dondey-Dupré, à TROIS MILLE francs, ci	3,000
M. Legallois, à DEUX MILLE fr. ci .	2,000
	11,000
Plus le dixième, d'après la loi. . . .	1,100
Total . . .	12,100 f.

Voyez, page 18, le parallèle établi entre ces *Amendes exorbitantes*, encourues pour de simples contraventions inoffensives, et celles prononcées pour de très-graves délits entraînant souvent le déshonneur.

L'extrait suivant, relatant les rigoureux Juge-
mens qui viennent de frapper plusieurs de nous,
en dira plus que toutes les doléances possibles.

Gazette des Tribunaux du 1ᵉʳ septembre 1844.

« Trois poursuites distinctes, et néanmoins identiques,
» étaient exercées aujourd'hui par le Ministère public,
» devant le Tribunal Correctionnel, contre un grand nom-
» bre d'Imprimeurs, de Libraires et d'Éditeurs de librairie,
« de Paris.

» Dans la première étaient compris M. Worms, Impri-
» meur, et MM. Legallois et Moreau, Libraires-Éditeurs ;
» dans la seconde, le même Imprimeur Worms, MM. Bour-
» geois, Lévy et Dutertre, Libraires ; dans la troisième,
» MM. Ferdinand Langrand, Bréauté, Legallois, Marchand,
» Libraires, et Madame veuve Dondey-Dupré, Imprimeur.

» Ils étaient prévenus, les Imprimeurs, d'avoir imprimé ;
» les Libraires, d'avoir exposé ou distribué des Affiches
» sans nom ni demeure d'Imprimeur.

» L'affaire concernant MM. Worms, Legallois et Moreau
» a été appelée la première.

» M. de Gaujal, Avocat du Roi, a soutenu la prévention.
» Des Affiches, a-t-il dit, ont été saisies chez M. Moreau,
» Libraire. Ces Affiches étaient posées de manière qu'elles
» pouvaient être lues de l'extérieur du Magasin, par le
» public ; elles ne portaient pas, comme l'exige la loi, de
» nom d'Imprimeur, ni sa demeure. M. Moreau fit con-
» naître qu'il tenait ces Affiches de M. Legallois, son con-
» frère, qui lui-même les avait reçues de M. Worms,
» Imprimeur. Tous trois ont donc commis une infraction
» à la loi, mais à des titres différens. L'Imprimeur Worms

» est sous l'application de l'article 17 de la loi du 21
» octobre 1814.

» Quant aux Libraires Legallois et Moreau, nous ne con-
» sidérons pas qu'en exposant ces Affiches publiquement,
» ils aient fait acte de Librairie, acte rentrant dans le com-
» merce de la Librairie, auquel cas ils tomberaient aussi
» sous la même application de cet article 17 de la loi de
» 1814 ; mais nous estimons qu'ils sont dans la catégorie,
» prévue par la loi, de toutes personnes ayant contribué,
» soit à la publication, soit à la distribution d'Affiches sans
» nom ni demeure d'Imprimeur, et ce sont les articles 283
» et 284 du Code pénal qui leur deviennent applicables.

» Me Simon, Avocat de Worms, a soutenu que l'écrit
» qui a été saisi n'est pas une Affiche ; c'est un écriteau
» qu'on peut assimiler à ceux qui servent à annoncer les
» appartemens à louer. L'écrit qui a été saisi est un écriteau
» comme en placent les épiciers sur leurs marchandises
» pour annoncer qu'ils vendent du beurre de Bretagne et
» du miel de Narbonne.

» De plus, ajoute le défenseur, il est de notoriété publique
» et d'un usage immémorial que les Éditeurs remettent aux
» Libraires et aux Cabinets de lecture un titre séparé, sans
» adresse, de l'ouvrage qu'ils livrent, titre qui doit être
» exposé dans le Magasin du Libraire, pour attirer l'atten-
» tion des acheteurs.

» En affirmant ce fait, je ne puis craindre de me tromper ;
» car en ce moment même tous les Magasins d'Éditeurs,
» toutes les Librairies, tous les Cabinets de lecture sont
» tapissés, du haut en bas, de ces titres, véritables écriteaux
» annonçant que tel ouvrage se vend là, dans la boutique
» où ils sont appendus, et non ailleurs, etc., etc., etc.

» Le Tribunal, attendu que Moreau et Legallois ont fait
» connaître le nom et la demeure de l'Imprimeur ; qu'ainsi

» ils se trouvent dans l'exception prévue par les articles
» 283 et 284 précités; d'où il suit qu'il doit leur être fait
» application des peines de simple police portées en l'ar-
» ticle 475, n° 3, du Code pénal.

» Par ces motifs, le Tribunal condamne Worms à
» 3,000 francs d'amende, Moreau et Legallois à 10 francs
» d'amende, ce dernier par défaut.

» Dans les deux autres affaires, le Tribunal, maintenant
» la jurisprudence, a condamné Worms, Imprimeur, à
» 3,000 francs d'amende, et à une autre de 100 francs pour
» avoir imprimé sur papier blanc; Bourgeois, Lévy et
» Dutertre, Libraires, chacun en 10 francs d'amende; Ma-
» dame veuve Dondey-Dupré, Imprimeur, à 3,000 francs;
» Legallois, à 2,000 francs, Langrand, à 100 francs, et
» Jules Bréauté et Marchand, chacun à 10 fr. d'amende. »

<hr>

Je vous le demande, Messieurs, peut-on con-
sommer plus promptement *la ruine, presque cer-
taine,* de laborieux et estimables Commerçans?...
Non, cela n'est pas possible!..... Et c'est à vous,
Élus de la France, qu'est réservé de donner à nos
belles industries des lois sages et précises qui les
délivrent du malheureux chaos où elles sont plon-
gées depuis trop long-temps, et surtout de modi-
fier, comme il doit l'être, *ce trop rigoureux* article
17 de la loi du 21 octobre 1814, dont L'IMPRIMEUR
SEUL est victime (*voyez page* 21), et dont le Juge
ne peut prononcer l'application sans être frappé des
malheurs qui doivent en être la suite.

LES DÉPUTÉS

MESSIEURS,

A aucune époque, l'Imprimerie et la Librairie n'eurent autant à souffrir que de nos jours ; jamais elles ne furent plus près de leur ruine : aux prises avec les élémens de destruction qui les étreignent de toutes parts, ces belles Industries font entendre un long cri de détresse, et viennent implorer votre intervention tutélaire...... Puissiez-vous accueillir favorablement leurs trop justes doléances, et appliquer un remède efficace aux maux dont elles sont continuellement assaillies : c'est une tâche digne du premier Corps de l'État, digne des Mandataires d'une Nation savante et civilisée..... Qu'il me soit permis d'espérer que vous ne voudrez pas, spectateurs impassibles, assister à la longue et pénible agonie d'une des plus belles Inventions qui puisse exister, et d'un des plus considérables Commerces de France, sans leur tendre une main secourable.

Loin de moi la pensée d'imputer à qui que ce soit le dépérissement progressif de l'Imprimerie et de la Librairie : l'état de stagnation et de marasme où elles sont tombées résulte, certainement, des événemens, et non du mauvais vouloir des personnes. Je n'élève pas ici la voix pour accuser ou récriminer ; mais, ancien Typographe, ancien Libraire, je viens vous dire *les souffrances de ces deux honorables Professions,* et vous signaler, sans haine comme sans crainte, les *causes* qui amèueront bientôt leur ruine, si l'on n'y remédie promptement.

Je mets en première ligne de nos désastres, LA CONTREFAÇON BELGE, qui, en même temps qu'elle *tue la Librairie française,* prive nos Illustrations littéraires de jouir du juste fruit de leurs hautes connaissances, de leurs travaux incessans et de leurs veilles continuelles *. Cependant ce peuple est *notre plus proche allié.....* Que ferait donc davantage, pour nous nuire, notre ennemi le plus implacable....?

---

* J'ai imprimé, en 1812 (alors que la Belgique faisait partie de l'Empire français), un Ouvrage de Science en 4 vol. in-8°, qui a eu quatre éditions, *dont chacune,* tirée à trois mille exemplaires, a rapporté à son savant Auteur la somme de 24,000 francs, *et a, de plus, enrichi son Libraire.*

Quel est le Libraire assez imprudent (aujourd'hui que ce pays forme un Royaume séparé), pour oser risquer une semblable opération, ayant la certitude que l'Ouvrage sera contrefait tout aussitôt qu'il paraîtra ?......

Imprimerie Royale.

Cet Établissement, fondé en 1531 , sous le règne de François Ier, ne fut d'abord considéré que comme un objet d'Art, et cet état de choses se maintint sous les règnes suivans, jusqu'à celui de Louis XIII , où il acquit une véritable importance. L'Imprimerie Royale fut alors établie au Louvre, dans l'emplacement où est maintenant une partie de l'Orangerie , et *spécialement destinée à transmettre , gratuitement, à la Postérité, les Ouvrages littéraires et scientifiques d'un mérite reconnu, et dont les Auteurs étaient dans l'impossibilité de faire les frais d'impression, papier, etc., etc.* Telle fut produite la riche collection des Auteurs byzantins *, puis, sous les règnes suivans, la belle édition des Œuvres de l'immortel Buffon **.

Louis XVI prit également l'Imprimerie Royale sous sa protection , et lui donna pour Directeur l'infortuné Anisson-Duperron, homme d'un très-grand mérite , et qui, secondé par le célèbre Sylvestre de Sacy et autres savans distingués, l'enrichit

---

* 36 volumes in-folio , commencée en 1644 , terminée en 1711. Voyez le savant *Dictionnaire universel d'Histoire et de Géographie*, de M. N. Bouillet ; 1841-1842. (1 vol. in-8°.)

** Cette volumineuse et scientifique production , commencée en 1749, fut continuée par les plus illustres Professeurs, et terminée en 1802. 42 vol. in-4°. Fig. (Voyez *la Bibliographie* de mon prédécesseur, F. I. Fournier, in-8°, page 62. Paris. 1805.)

de tous les caractères anciens et étrangers dont ils · possédaient l'entière connaissance , lesquels furent immédiatement gravés et fondus.

Par suite des divers changemens occasionnés par la Révolution, cette Imprimerie fut transférée à l'hôtel Beaujon , puis à l'hôtel Penthièvre (aujourd'hui la Banque de France) *. C'est en cet endroit que l'on commença à l'employer au service des divers Ministères et Administrations, *ce qui porta le premier coup aux Imprimeries de Paris.*

Cependant CAMBACÉRÈS , devenu Ministre de la justice , et dans les attributions duquel était placée *l'Imprimerie* alors *de la République,* pallia cette première fauté par un acte de munificence bien louable , en ordonnant l'impression *entièrement gratuite* de plusieurs volumineux ouvrages scientifiques , entre autres d'une belle édition in-4° sur la *Loi des Douze Tables,* du savant Bouchot , professeur au Collége de France **. Ensuite, MM. Dubois-Lavergne et Marcel , qui furent successivement Directeurs de cet Établissement , lui donnèrent une extension telle , que les Imprimeries particulières se virent tout–à-coup privées des Clientèles d'Administration , à l'exception de celles des Postes,

---

* Elle a enfin été transférée à l'hôtel Soubise, où elle est maintenant.

** Cet Ouvrage n'a été imprimé que sous le Consulat ; j'y ai été employé pendant plus d'une année, en qualité de Compositeur.

des Hospices et du Mont-de-Piété, qui furent mises en Adjudication, *ainsi qu'il aurait dû en être de toutes les autres.*

Certes on pouvait raisonnablement penser que cet énorme empiétement une fois opéré, on s'en tiendrait là. Il n'en fut rien... Ce colosse typographique, sans cesse grandissant, devint insatiable au point de paralyser entièrement notre industrie, en accaparant, *moyennant payement,* tous les Ouvrages de Science, de Littérature et *même de Commerce,* à des prix bien au-dessous de ceux que pouvaient en demander les Imprimeurs particuliers ; et cette concurrence lui fut d'autant plus facile à soutenir, qu'étant à la charge du Gouvernement, il n'eut à supporter aucun des frais de loyer, de patente, de chauffage, d'éclairage, etc., dont nous fûmes toujours surchargés *.

Ne serait-il pas de toute justice de remédier aux calamités que je viens de vous signaler, en replaçant l'Imprimerie Royale dans sa *spécialité primitive,* et en mettant en Adjudication (dont elle seule serait exclue) les Impressions partielles de chaque Administration, ainsi que cela a lieu pour toutes les autres fournitures à leur usage, et en lui interdisant les opérations typographiques, *lucratives,* ayant pour objet des Ouvrages de Science, de

---

* Une personne digne de foi m'assure que cet abus a cessé en partie : Dieu le veuille ! et puisse-t-il, grâce aux Chambres, ne jamais se renouveler !.....

Littérature et de Commerce? Cette mesure n'empêcherait pas qu'elle exécutât les Impressions secrètes de l'État, telles que Circulaires ministérielles, Projets de Lois, de Budgets, et tous les Actes administratifs particuliers au Gouvernement, ainsi que celles des Ouvrages littéraires et scientifiques qui seraient jugés dignes d'être imprimés *aux frais de l'État.*

Des Brevets.

Il est bien surprenant que l'Empereur ait pu se résoudre à priver de leur industrie des gens très-estimables, et à réduire le nombre des Imprimeurs à soixante pour Paris *. Les Imprimeurs conservés furent obligés de verser, de suite, chacun une somme d'environ dix mille francs, soit pour acheter le matériel de leurs confrères supprimés, soit pour, *disait-on,* les indemniser **. Au moyen de ces énormes frais, les conservés, dont je faisais partie, eurent le titre pompeux d'IMPRIMEURS BREVETÉS, titre qui, depuis, équivalut à celui d'Imprimeurs sans cesse *surveillés, amendés au-dessus de leurs moyens, emprisonnés,* et enfin...... *ruinés!!!......*

---

* Peu de temps après, ce nombre fut porté à quatre-vingts, où il est encore aujourd'hui ; au lieu que celui des Libraires est illimité.

** Comme s'il était possible d'indemniser convenablement de la perte de son état un homme qui l'exerce depuis nombre d'années, et qui n'en connaît pas d'autre..... Aussi plusieurs en périrent-ils de chagrin : l'un d'eux se suicida.

Cela est arrivé à un tel point, que les Imprimeurs supprimés, qui se regardaient, avec raison, comme victimes d'une mesure arbitraire, se sont trouvés, par la suite, plus heureux que leurs confrères conservés, réduits bientôt à envier leur sort; car plusieurs de ces premiers, avec les sommes qu'ils ont reçues, se sont mis à même d'exercer d'autres industries, où ils n'ont eu à essuyer aucun des malheurs qui ont constamment pesé depuis sur l'Imprimerie.

Il est vrai de le dire, jamais semblables calamités ne se fussent fait sentir d'une manière aussi violente, si l'Imprimerie et la Librairie eussent pu conserver leur premier Directeur, M. le comte PORTALIS, qui leur fut si brutalement enlevé par suite de la plus odieuse perfidie qui puisse entrer dans le cœur humain...... Ce digne Fonctionnaire (revêtu depuis de la première Magistrature de France), loin de *tâcher* de trouver des délinquans, ainsi qu'on l'a fait sans cesse depuis, s'apercevait-il qu'un Imprimeur faisait fausse route, il l'envoyait prévenir de son erreur, et lui évitait par-là des poursuites pouvant entraîner la perte de son état *. Voilà l'Administrateur dont l'Imprimerie

---

* En 1809, un Libraire eut l'imprudence de *mettre en vente* un Ouvrage que je lui avais imprimé, *avant que j'en eusse fait préalablement* le dépôt à la Direction de l'Imprimerie et de la Librairie. Quoique ce fait fût involontaire de ma part, il n'en constituait pas moins une faute très-grave, dont j'étais *seul* responsable, et qui, *six mois plus tard*, eût pu avoir un résultat

ainsi que la Librairie furent privées, voilà l'excellent père qu'elles n'oublieront jamais!!!......

Des dangers que courent l'Imprimeur et le Libraire par suite de la Liberté actuelle de la Presse.

Jamais ces Professions n'ont été autant inquiétées que depuis la Liberté *actuelle* de la Presse. Je vais tâcher d'en donner la preuve.

Un Auteur vend à un Libraire un Manuscrit plus ou moins considérable : celui-ci le donne à imprimer. Il faut d'abord que l'Imprimeur s'assure, *par lui-même,* * s'il peut se charger de l'imprimer ; et si, après avoir passé *gratuitement* plusieurs jours et plusieurs nuits à lire cet Ouvrage, il croit apercevoir *(que ne peut pas se figurer la crainte !)* des passages susceptibles d'être incriminés, *n'osant pas se compromettre,* il rend le Manuscrit au Libraire, qui, à son tour, le remet à l'Auteur ; alors ce dernier, voyant son marché

---

bien plus fâcheux, que celui d'une légère remontrance *toute bienveillante* que m'adressa mon ancien Chef....... Qu'il me soit permis, avant que Dieu décide de moi, de lui en témoigner ici ma respectueuse et inaltérable reconnaissance !

* C'est-à-dire que l'Imprimeur *doit posséder la science infuse,* être même plus savant que les Jurisconsultes les plus distingués; car s'il est poursuivi pour un délit de Presse dont le résultat d'un jugement sera un acquittement, sa judiciaire aura été *supérieure* à celle des Magistrats qui l'auront poursuivi : cela n'est-il pas vraiment bien étrange, pour ne pas dire plus ?.....

nul, attaque l'Imprimeur, pour le tort que *son refus d'imprimer* lui cause : de là procès en dommages et intérêts, ainsi que cela a eu lieu.

Si, au contraire, *ne croyant rien y trouver de répréhensible,* il se charge de l'impression, alors la Déclaration en est faite au Ministère de l'Intérieur; on lui en donne un Récépissé, *qui ne lui offre aucune garantie;* parce que si, contre ses prévisions, l'Ouvrage contient quelque chose que Monsieur le Procureur du Roi juge incriminable, cet Imprimeur est de suite traduit en Cour d'Assises, et passible de tous les malheureux équivalens d'*Imprimeurs brevetés* cités plus haut.

En voici un exemple récent. Un ancien Imprimeur-Libraire, bon Confrère s'il en fut, met *continuellement* en vente, depuis plus de vingt années, et *après Déclaration préalablement faite* avant le tirage, une petite Brochure in-18, intitulée : Les Aventures du Duc de Roquel***, sans que jamais on l'ait chagriné en rien pour cette minime publication, que tout le monde a constamment vu traîner sur les quais, avec ce qu'on appelle la Petite Bibliothèque Bleue : Cartouche, Mandrin, Jean de Paris, etc., etc. Eh bien ! dernièrement un Commissaire de la Librairie, en faisant sa visite chez lui, vit apporter dans son Magasin l'Ouvrage sortant de l'impression; et comme cette vieille reproduction avait été mise à l'index, ce Fonctionnaire crut de son *devoir* de la saisir, et Monsieur le Procureur du Roi, dont le *devoir* aussi est de poursuivre tout Éditeur de ces sortes de livres, *ne put faire autrement* que de traduire celui-ci devant la Cour d'Assises, où le Jury, *par la même raison,* DUT prononcer le fatal OUI, qui fit condamner cet Imprimeur à un mois de prison et 100 francs d'amende. Notez bien, Messieurs, je le répète, que la DÉCLARATION avait été, comme de coutume, *préalablement* faite au Ministère, ce qui devait militer en faveur du déclarant, et lui valoir au moins, d'avance, un *avis bienveillant* sur la condamnation qu'il encourrait en publiant cette brochure, qui, quoi qu'elle existât *depuis Louis XIV,* était alors à l'index.... Il n'en fut pas ainsi, et il a été contraint de subir ses condamnations, qui eussent pu être beaucoup plus fortes, sans l'humanité que la Cour voulut bien montrer dans cette circonstance.

J'ai publié, il y a une vingtaine d'années, sous le titre de *Bibliothèque d'une Maison de Campagne* *, un choix des meilleurs Romans anciens, et je n'ai jamais eu aucun désagrément pour cette publication; cependant la *Censure existait* alors. Eh bien, MESSIEURS, je vous affirme sur l'honneur que je n'oserais pas le faire aujourd'hui, que la *Liberté de la Presse existe.* Quoi! je publierais, par exemple, les Œuvres de l'abbé Prevost; un Inspecteur de la Librairie n'a qu'à se présenter chez moi au moment où l'on y imprime les licencieuses actions de la maîtresse du chevalier Desgr***, ce

---

* Formant cent volumes in-12. (*Épuisée*).

Fonctionnaire pourrait, dans sa sagesse, juger l'Ouvrage contraire aux mœurs, et le dénoncer au Procureur du Roi : le fait serait réellement constant, et j'encourrais un jugement criminel, dont le résultat pourrait me priver de ma liberté et causer ma ruine entière, d'après le *taux énorme* des condamnations actuelles......

Ne serait-il pas de toute justice que la Direction de la Librairie *refusât de donner le Récépissé de la Déclaration* d'un Ouvrage défendu? Par ce moyen, l'Imprimeur contrevenant, en imprimant, *malgré ce refus,* agirait sciemment, et serait passible des peines que son *délit volontaire* entraînerait.

Or, pour éviter les malheurs dont je viens de mettre le tableau sous vos yeux, que fait-on?...... RIEN........ et comme, faute de fonctionner, les presses se détériorent sensiblement, on se résout à en détruire quelques-unes chaque année, ainsi que cela m'arrive depuis douze ans; aussi ne crains-je pas d'affirmer que de quatre-vingts Imprimeries conservées en 1810, le *huitième à peine* existe-il encore aujourd'hui, non par suite du décès des Titulaires ou de leurs ayant-cause, mais par celle de *leur ruine complette,* qui les a obligés de vendre à vil prix des presses * qui leur revenaient fort cher, leurs caractères au poids de la fonte, et de se

---

* Presque tous ces brevets ont été cédés à des entreprises de journaux, qui, se servant de presses mécaniques, n'ont pu leur acheter les leurs ; ainsi, perte bien réelle.

contenter du modique prix de leurs brevets pour essayer d'autres professions dont ils espèrent enfin pouvoir vivre, eux et leurs familles, après en avoir exercé, pendant trop long-temps, une tellement ingrate, qu'ils n'y ont éprouvé que chagrins, inquiétudes et pertes continuelles, malheurs très-difficiles à réparer, surtout lorsqu'on arrive au déclin de la vie.....

POURSUITES INCESSANTES CONTRE LES OUVRAGES DITS DE VILLE.

Par cette dénomination, on comprend les Impressions à l'usage du Commerce et des Familles, et certes on doit bien penser que l'Imprimeur est, pour cette fois au moins, à l'abri de toutes poursuites, et rentre dans la catégorie des autres marchands détaillans. Que l'on se détrompe, il est bien loin d'en être ainsi ! Le Marchand qui vend à faux poids, qui fausse ses balances, ou se rend coupable d'autres méfaits dont l'indigent est toujours victime, subit une minime condamnation, dont le chiffre dépasse rarement une très-faible somme ; d'autres personnes ne sont, pour des délits déshonorans, condamnés qu'à quelques mois de détention et quinze francs d'amende ; mais L'IMPRIMEUR BREVETÉ qui aurait le malheur d'imprimer une *seule affiche sur papier blanc,* sans nom d'imprimerie, ne fût-ce qu'une Annonce d'Ouvrage littéraire, un objet perdu, etc., etc., serait passible d'une amende de TROIS MILLE FRANCS !

. . . .

ainsi qu'il résulte des Faits relatés en tête de la présente Pétition. Ils sont d'une telle importance, qu'on ne saurait trop les recommander à vos mûres réflexions.

Une action judiciaire est venu, il y a quelque temps, troubler subitement la paix d'un de nos honorables Confrères. Assignation lui est donnée pour comparaître devant le Tribunal de Police Correctionnelle, sous la prévention d'avoir imprimé une affiche *sur papier blanc,* quoi qu'elle fût timbrée *. Très-heureusement pour lui il n'en était rien ; mais il n'a pas moins fallu que cet Imprimeur, pour obtenir son acquittement, parvînt à pouvoir prouver au Tribunal que cette affiche *avait été tirée sur papier de couleur tendre,* dont, par l'effet du hasard, il put, après beaucoup de recherches, représenter la parcelle *d'une seule* qui, moins exposée aux intempéries que le reste de la feuille, avait presque conservé sa couleur

---

* Voyez-vous, Messieurs, tout de suite apparaître le Tribunal Correctionnel, pour un fait qui ne serait, *dans toute autre industrie,* qu'une simple contravention passible du Tribunal Municipal ? Oui ; mais il s'agit d'un Imprimeur ou d'un Libraire, il faut une juridiction plus élevée ; car, *pour eux seuls,* la moindre *erreur* est punie comme *un délit,* et la plus minime *contravention l'est* comme *un crime.* Il faut avouer que cet *état exceptionnel* est bien déplorable, et que ce sera de votre part un grand acte de justice de le faire disparaître.

primitive. Il n'en a pas moins éprouvé le désagrément d'un Procès-Verbal de Contravention, et d'une comparution devant le Tribunal Correctionnel, choses qui ne peuvent que causer inquiétudes, dépenses et perte de temps.

Du Timbre.

La loi dit que *toute Affiche*, excepté celles du Gouvernement et des Administrations publiques, portera un timbre, soit de 5 cent., soit de 10 cent., selon sa grandeur. Au timbre de 10 cent., on peut imprimer sur toutes grandeurs, pourvu que l'affiche ne forme qu'*une seule feuille*, eût-elle cent mètres sur cinquante ; mais l'affiche timbrée à 5 cent. exige un papier qui ne comporte que 43 centimètres de hauteur sur 31 de largeur, mesure de rigueur ; car si l'Imprimeur présente, pour être timbré, un papier qui excède d'un seul millimètre la grandeur voulue ci-dessus, on refuse de timbrer, et il est obligé de faire rogner son papier au premier endroit venu ; et s'il avait le malheur de laisser apposer une seule affiche non timbrée, lors même que ce fait serait occasionné par l'erreur du timbreur, il en résulterait à l'instant Procès - Verbal de Contravention, poursuites correctionnelles, très-forte amende, etc., etc.

Mais voici bien encore un autre embarras pour le pauvre Imprimeur.

La Loi sur le Timbre dit : « Tout Avis de Com-
» merce devra être timbré. »

La Loi sur l'Imprimerie dit : « L'Imprimeur » devra mettre son nom sur tout ce qu'il imprime. »

Or, le Marchand de Nouveautés ou tout autre Industriel qui fait distribuer chaque jour des milliers d'Annonces, *ne peut pas payer de timbre,* ou *ne peut pas faire imprimer.* Si l'Imprimeur se sert de papier non timbré, comme *son nom doit être sur tout ce qu'il imprime,* il est poursuivi par l'Administration du Timbre, et condamné. Si encore, *pour pouvoir enfin travailler,* il ose s'affranchir du timbre, alors il *ne met pas son nom sur ces imprimés;* en ce moment, un Inspecteur de la Librairie peut se présenter dans son atelier, dresser contre lui un Procès-Verbal de Contravention, et cette fois il court grand risque d'être poursuivi avec la dernière rigueur.

Toutes les Affiches émanant du Gouvernement ou des Administrations sont *seules* exemptes de timbre, et doivent *seules* aussi être imprimées *sur papier blanc.*

Il paraît, Messieurs, que l'Imprimeur *seul* est obligé de se conformer aux Lois sur l'affichage, le timbre, et même la couleur et la grandeur de l'affiche ; car on souffre que tous les murs de la capitale, de la banlieue et même des départemens fourmillent *d'Affiches non timbrées,* qui y sont barbouillées à l'aide de brosses, de toutes couleurs et dimensions, *sur fonds blancs, à nous prohibés,* ainsi que je l'ai dit, et sans noms des personnes

qui les ont faites. On a même porté l'injuste tolé-
rance jusqu'à autoriser leur placement sur les
boulevards, les quais et autres endroits très-fré-
quentés; et l'Affiche annonçant chaque hiver aux
Indigens les dons de la Société Philantropique,
est sujette au timbre, parce qu'elle a été faite par
un Imprimeur breveté (juste celui de la Chambre
des Députés).

L'Imprimeur se voyant ainsi privé de la con-
fection des Affiches, parce que le Public ne viendra
pas lui payer un timbre dont il peut s'affranchir
ailleurs, sera obligé de *vendre à la fonte,* c'est-à-
dire au poids de la matière, des caractères qui lui
ont coûté des prix excessifs.

Ne serait - il pas bien temps et bien urgent,
Messieurs, de faire cesser un pareil chaos, en
posant des bases fixes, que votre sagesse peut
demander au Gouvernement de faire exécuter; car
enfin, si *l'un est exempt* du timbre, pourquoi
l'autre y serait-il soumis ?.....

De l'utilité d'une Chambre Syndicale des
Imprimeurs, autorisée par le Gouvernement.

De même que les Notaires, les Avocats, les
Avoués, les Commissaires-Priseurs, et enfin les
Huissiers, nous sommes *forcément* Privilégiés,
Assermentés, et notre nombre est limité * : pour-

---

* On parle d'introduire des Imprimeries dans les Maisons
d'Asile, les Pénitenciers et les Prisons. S'il en était ainsi, je

quoi ne jouirions-nous pas des mêmes prérogatives que ces Professions, qui n'ont aucuns de nos dangers à courir, et n'aurions - nous pas *aussi notre Chambre des Imprimeurs autorisée par le Gouvernement,* comme elles ont *la leur?* Cela non-seulement nous mettrait en contact immédiat avec la Direction de la Librairie, dont le Chef ferait essentiellement partie de cette Chambre ; mais encore nous éviterait tous les chagrins, toutes les tracasseries dont nous sommes sans cesse tourmentés, et établirait entre cette Direction et nous des rapports bienveillans qui seraient à l'avantage de tous *.

DES MOYENS A EMPLOYER POUR AMÉLIORER LE SORT DES OUVRIERS TYPOGRAPHES.

Il existe aussi, à Paris, deux professions limitées par le Gouvernement, quoique exercées par des

---

demanderais à l'Autorité sur quelles garanties reposent les titres *si onéreusement acquis* d'Imprimeurs brevetés, assermentés, et surtout LIMITÉS, toutes qualifications qui ne seraient alors qu'une cruelle dérision, dont, Dieu merci, aucun Gouvernement n'est capable dans un pays civilisé.

* Il y a environ cinq ans, plusieurs Imprimeurs - Libraires conçurent le louable projet de former une Réunion, et invitèrent tous leurs Confrères à se joindre à eux : beaucoup y consentirent, et plusieurs refusèrent. Les adhérens, dont je faisais alors partie, nommèrent leurs Délégués, qui furent choisis parmi ceux que l'on jugea le plus capables de représenter dignement leurs Confrères, et l'on convint de donner à ces Délégués, réunis, la qua-

personnes *non assermentées* : ce sont les Boulangers et les Bouchers. On les a autorisés à se former en *Syndicat légalement reconnu*, et Dieu sait que de bien il en résulte!.... Dans ces professions, l'Ouvrier honnête et laborieux est certain d'être *continuellement* occupé, puisque les travaux y sont toujours renaissans. De plus, l'ancien Boulanger dont les forces diminuent sensiblement, est encore employé, soit aux Halles, soit au Grenier d'Abondance ; les anciens de l'autre état (les Bouchers) le sont également, soit dans les Marchés, soit aux Abattoirs ; et ceux enfin qui deviennent tout-à-fait invalides, trouvent encore une dernière ressource dans les Pensions que ces Syndicats leur accordent, lesquelles sont payées tous les mois.

Dans l'Imprimerie, au contraire, il est bien loin d'en être ainsi. Lorsque l'impression d'un Ouvrage est terminée, tous les Ouvriers qui y ont été employés sont privés de travail *à l'instant même* ; et jusqu'à ce qu'ils puissent s'en procurer d'autre, (ce qui dure souvent plusieurs mois, surtout depuis l'emploi des *Clichés*, si nuisible aux intérêts des Compositeurs, et celui des *Mécaniques*, si préjudiciable à ceux des Imprimeurs), ils sont forcés de dépenser *continuellement* les économies

---

lification de CHAMBRE DES IMPRIMEURS ; mais, malgré toutes leurs demandes, souvent réitérées, ils n'ont pu encore parvenir à obtenir du Gouvernement de reconnaître cette Chambre, *qui n'existe réellement que de nom*, et dont il serait bien à désirer de voir enfin constituer officiellement la régularisation.

qu'ils ont pu faire pendant le cours de leurs précédens travaux *.

Ainsi, l'infortuné Ouvrier Typographe, celui qui a produit, par son intelligence supérieure et son travail *de quarante années*, les illustrations de la Presse française, n'aura plus, sur ses vieux jours, que le mépris qu'inspire aux âmes sèches l'indigence...... Et lorsque ses facultés physiques seront tout-à-fait éteintes, et qu'il aura consommé, par suite des infirmités attachées à la vieillesse, le peu d'économies qu'il aura faites au moyen de beaucoup de privations, il sera encore *bien heureux* s'il peut, au déclin de sa vie, obtenir son admission à l'hospice de Bicêtre....; et s'il n'a pas *le bonheur* de pouvoir y entrer, après toutes les démarches possibles, comme la faim le presse, et qu'il a toujours été probe et incapable de commettre une bassesse, il ose se hasarder à *demander du pain*, alors, la mendicité étant un délit justement réprimé par la Loi, ce malheureux Artiste est arrêté, jugé, condamné comme vagabond, et va finir ses jours dans un dépôt de mendicité....

---

* J'ai présenté à la Chambre des Députés, il y a plusieurs années, une Pétition *sur le danger qui pourrait résulter, pour le sort de la Classe Ouvrière, de l'emploi trop fréquent des Mécaniques*; j'y disais que le manque d'ouvrage pourrait occasionner de grands malheurs, et même faire commettre des crimes. On a cru devoir passer à l'ordre du jour..... Puisse celle-ci avoir un plus heureux résultat !......

Soyez persuadés, MESSIEURS, que si, à l'instar des *Industries* citées plus haut, l'*Art* typographique obtenait les mêmes prérogatives qu'elles, toutes ces calamités cesseraient. D'abord, au moyen d'une légère cotisation mensuelle versée par les Membres de la Chambre Syndicale des Imprimeurs, des Cartes de Dispensaires seraient demandées à la Société Philantropique, dont plusieurs de nous sont Membres : elles serviraient à porter secours à nos Ouvriers malades et à leurs familles; et enfin, au moyen d'une Caisse de Réserve bien organisée, leur sort à venir serait adouci, et nous empêcherait d'avoir à rougir de la position malheureuse *où nous sommes forcés de les abandonner maintenant*, manquant nous-mêmes d'un appui tutélaire que nous invoquons infructueusement depuis si longtemps.

———

D'après les faits que je viens d'avoir l'honneur d'exposer à la CHAMBRE, je la prie de vouloir bien demander au Gouvernement :

1° D'employer *tous les moyens* que sa haute sagesse lui dictera pour remédier promptement aux torts immenses que cause aux Savans et à la Librairie de France, la *Contrefaçon Belge*;

2° De fixer la spécialité de l'Imprimerie Royale dans des limites telles, qu'elle ne puisse plus porter

un aussi grand préjudice aux Imprimeries particulières ;

3° De faire cesser la position fausse, embarras-
sante et même dangereuse des Imprimeurs et des
Libraires, en leur *faisant tracer la ligne invariable
qu'ils devront suivre pour éviter les énormes condamnations* qu'ils encourent continuellement ;

4° D'ordonner que la Loi sur le Timbre (qui doit
être égale pour tous) soit revisée, tant pour les
Avis de Commerce, que pour les Affiches, *de quelque manière qu'elles paraissent sur les murs ;*

5° D'autoriser, par une Ordonnance Royale,
la création D'UNE CHAMBRE D'IMPRIMEURS-
LIBRAIRES, où auraient le droit d'assister,
d'abord, M. le Directeur de l'Imprimerie et de la
Librairie, ou son Représentant ; puis, en qualité
de *Prud'hommes,* quatre Chefs d'Ateliers (Protes)
choisis par les Ouvriers Typographes des deux
catégories, Compositeurs et Imprimeurs, pour y
défendre leurs droits et leurs intérêts, lorsqu'ils
jugeront que cette démarche pourra leur être utile.

———

J'ai cru, MESSIEURS, remplir un devoir, et rendre
un vrai service à mon pays, en vous signalant les
malheurs sous le poids desquels nos belles Professions souffrent, par l'effet du *cas exceptionnel* où
elles se trouvent placées, et dans ma conviction

intime que vous ferez tout ce qu'il vous sera humainement possible pour LEUR VENIR EN AIDE; car enfin, tous les Français *étant égaux devant la Loi*, il est de toute justice que *la Loi soit égale aussi* pour tous les Français.

Si, dans les faits que je viens de vous exposer, j'ai pu commettre quelques erreurs, veuillez être assez indulgens pour me les tolérer, et n'apprécier que le motif qui m'a guidé, celui de la prospérité d'un Art que j'aime, l'ayant toujours exercé depuis ma jeunesse.

J'ai l'honneur d'être, avec le plus profond respect,

Messieurs,

Votre très-humble et très-obéissant
serviteur,

M. J. C. LEBÈGUE,

Doyen des Imprimeurs de Paris.

TYPOGRAPHIE DE LEBÈGUE, RUE DES NOYERS, 8.

REMARQUES

SUR

LA FAUSSE INTERPRÉTATION DU MOT OUVRAGE.

Plusieurs Journaux donnent le nombre des Ouvrages publiés à Paris, en 1844, et cette récapitulation en élève le chiffre à 6,577 .... Plût à Dieu que la *sixième partie* de ce qu'ils annoncent existât réellement !...... Alors, en évaluant seulement l'importance des Ouvrages édités à un ou deux volumes chacun, la Presse parisienne serait dans un état de prospérité très-satisfaisant, comparable aux temps où la *Contrefaçon Belge* ne pouvait pas lui porter le notable préjudice qu'elle lui cause depuis si long-temps !.....

Malheureusement il n'en est pas ainsi, et cela par la fausse interprétation que l'on donne au mot *Ouvrage*, entièrement dénaturé de son sens propre, ainsi que je vais tâcher de le démontrer.

Lors de la réorganisation de l'Imprimerie, par décret impérial du 5 février 1810, chaque Imprimeur reçut un modèle *officiel* de Déclarations conçu en ces termes : « *Je déclare avoir l'intention* » *d'imprimer un* Ouvrage *ayant pour titre.......* » *lequel doit former.....* (depuis *une* ou quelques » pages, jusqu'à un grand nombre de volumes). »

D'après cette loi, l'omission du nom d'Imprimeur n'était puni que d'une peine *de simple police;* mais la Restauration survint, et une loi d'intimidation, *jugée nécessaire alors,* rendue le 21 octobre

1814, a dérogé, en ce qui concerne les Imprimeurs, à celle de 1810, et les a punis, *pour cette simple contravention,* souvent involontaire, de l'amende énorme de 3,000 francs.

Je reviens à la fausse interprétation que l'on fait du mot Ouvrage, et je ne ferai que rapporter textuellement l'un des considérans de l'arrêt confirmatif, pour le faire apprécier à sa juste valeur. Le voici :

« Considérant que les termes de la loi du 21 octobre sont généraux et absolus, et embrassent tous les écrits qui ne sont pas destinés à des usages uniquement privés ou de famille; que la dénomination générique d'Écrits ou d'Ouvrages employés par le Législateur, comprend toute espèce de publication, aussi bien celles ne contenant *que quelques lignes ou alinéas,* que celles d'une plus grande étendue. »

On voit, par cet extrait de l'Arrêt, que toute impression, non commerciale, est réputée *Ouvrage,* ne fût-elle *que de quelques lignes* servant d'annonce à un *véritable* Ouvrage, un Catalogue, une mince Brochure, etc. C'est alors seulement que le Lecteur, appréciant, à sa juste valeur, cette définition *mal appliquée,* ne sera plus étonné de voir figurer les 6,577 *prétendus Ouvrages* déclarés à la Direction de la Librairie en l'année 1844.......

Et voilà comme le Gouvernement et les Chambres sont induits dans l'erreur la plus complète par les assertions *inexactes* et *erronées!* Voilà comme toute la France, et même l'Étranger sont persuadés de la splendeur d'une industrie qui est réellement souffrante, et n'a jamais eu autant besoin d'un appui tutélaire que de celui qu'elle invoque aujourd'hui !